Stephan Alexander Würdtwein

Abhandlung über den literarischen Zustand der jetzigen und der vorigen Zeiten in der Pfalz

nebst einer kurzen Nachricht vom Anfange und Fortgange der Buchdruckerkunst

Stephan Alexander Würdtwein

Abhandlung über den literarischen Zustand der jetzigen und der vorigen Zeiten in der Pfalz
nebst einer kurzen Nachricht vom Anfange und Fortgange der Buchdruckerkunst

ISBN/EAN: 9783743374256

Hergestellt in Europa, USA, Kanada, Australien, Japan

Cover: Foto ©ninafisch / pixelio.de

Manufactured and distributed by brebook publishing software (www.brebook.com)

Stephan Alexander Würdtwein

Abhandlung über den literarischen Zustand der jetzigen und der vorigen Zeiten in der Pfalz

Abhandlung
über den
literarischen Zustand
der jetzigen und vorigen Zeiten
in der Pfalz,
nebst
einer kurzen Nachricht
vom
Anfang und Fortgange
der
Buchdruckerkunst.

Mannheim,
gedruckt mit Burgerspitals-Schriften, durch F. W. Cordon,
1791.

Dem geneigten Leser sei alles Heil!

§. I.

Man muß nicht glauben, daß die Wissenschaften am Rheinstrome a) gar nicht zu Hause gewesen sein, ehe noch im Deutschlande b) hohe Schulen errichtet waren, die für eben so viele Rüstkammern dienen sollten, wo man Waffen zum Schutze wider die Laster, Unwissenheit und Irrlehren; und Werkzeuge zur Verbesserung des Herzens, und Aufklärung des Verstandes finden könnte. Denn in den ersten Zeiten des Christenthums haben es die Bischöfe schon für eine ihrer dringendesten Amtspflichten angesehen, öffentliche Schulen anzufangen c), ohngeachtet aller der gewaltigen Hindernisse, die sich einem so heilsamen Werke in den Weg legten. d)

a) Wie weit sich der Strich Landes, der das Rheinland hieß, erstrecket habe, sucht Christoph Jakob Krämer hauptsächlich aus den Registern der ehemaligen Archidiakonate in seiner Geschichte des rheinischen Franziens zu beweisen. Seite 39—231. ꝛc.

b) Von Universitäten, als dem Hauptsitze der Wissenschaften, wußte man in Deutschlande viele Jahrhunderte nichts. Die zu Prag ist unter allen die Aelteste: sie ist um das Jahr 1344. aufgekommen, kurz nachdem das pragerische Bisthum dem mainzer Erzbisthume untergeben worden war. Sieh Dobners *Monumenta histor. Boëmiæ Tom. 1. p. 211.* Würdtweins *Nova subsid. Dipl. T. 2. p. 101.*

Die zu Erfurt, glaubt man, habe angefangen im ersten Jahre der Regierung des Pabstes Clemens des 7ten, nämlich im Jahre Christi 1378. Sieh Motschmann Erford. liter. erste Sammlung Seite 13 u. f. Vom Ursprunge der Heidelberger soll unten geredet werden.

c) Hier denke man sich ein wenig, aber doch ernstlich zurücke, wie es mit der Fortpflanzung der heiligen Religion hergienge. Die Apostel wählten Bischöfe, die nach ihnen die Kirche regierten; Juden und Heiden bekehrten; Unwissende lehrten; die Armen versorgten; die Kranken trösteten; Gottes Wort verkündigten; die heiligen Geheimnisse behandelten u. s. w. Diese Nachfolger der Apostel wählten wieder andere nach sich, und so gieng es mit der Reihenfolge der Bischöfe immer fort. Wegen den schrecklichen Verfolgungen, die

die Kirche in den ersten Zeiten von ihren Feinden zu leiden hatte, dorften die Bischöfe ihrem Amte nicht öffentlich vorstehen; sondern mußten sich in unterirdischen Krüften, in Berghöhlen, in dichten Wäldern, und heimlich in Privathäusern aufhalten. Wo sich aber der Bischof mit seiner untergebenen Klerisei immer aufhielt, dort war der bischöfliche Sitz; und dort war auch die Schule für die Gläubigen; bis endlich die Verfolgungen aufhörten, und dann öffentliche Kirchen und Schulen errichtet wurden. In Afrika finden wir ein überzeugendes Beispiel davon an dem heil. Kirchenlehrer Augustin, welcher in einem Garten, den der Bischof von Hippon, Valerius, der Kirche geschenket hatte, ein Haus erbaute, wo die Geistlichen in Gemeinschaft mit einander leben sollten. Possidius, Bischof von Kalama, gibt uns in dessen Lebensbeschreibung am 5. Kap. folgenden Bericht davon: Sobald Augustin Priester geworden war, errichtete er innerhalb der Ringmauern der Kirche ein einsames Gebäude, wo er mit den zum Gottesdienste gewidmeten Männern eine solche Lebensart zu führen anfieng, wie sie bei den Apostelzeiten unter den Gläubigen gebräuchlich war; da nämlich niemand etwas Eigenthümliches besaß; sondern alle Güter gemein waren, und ein jeder von den gemeinen Mitteln nach seiner Nothdurft versehen ward. Und am 2ten Kap. Da aber die christliche Gemeinde zunahm, hat man nicht nur angefangen, die, welche bei dem heil. Augustin in dem Münster unter seiner Anführung ein heiliges Leben führten, zu nehmen, und zu Dienern der Kirche zu Hippon einzuweihen; sondern, weil sich mit der Verkündigung des Evangeliums auch der Ruf von der englischen Enthaltsamkeit, freiwilligen strengsten Armuth, und andern Tugenden solcher Dienern Gottes täglich weiter verbreitete, fiengen auch andere christliche Gemeinden, bei denen allenthalben der Fried und die Einigkeit in der Lehre blühte, an, Bischöfe und andere Kirchendiener für sich aus diesem Priesterhause zu begehren; die sie auch erhalten haben. Ich selbst kenne der rechtschaffenen und recht gelehrten Männer bis zehen, die der hochselige Augustin verschiedenen Gemeinden, worunter auch einige Vorzügliche waren, auf ihre Bitte zu Bischöfen gegeben hat. Und diese, da sie aus jenem heiligen Institute hergekommen waren, haben wieder andere solche Klöster oder Priesterhäuser aufgerichtet, woraus sie wieder andere Gemeinden, die sie durch ihren tugendhaften Wandel, und ihre eifrigen Predigten dem Herrn Christus gewonnen hatten, mit Bischöffen und Kirchendienern versehen haben. Und am 25. Kap. Es waren immer Geistliche um ihn (Augustin): sie wohnten mit ihm in einem Hause, und aßen mit ihm an einem Tische: sie wurden, wie er, aus gemeinschaftlichen Mitteln gespeiset und gekleidet. In seiner 49. Predigt, von denen, die er über verschiedene Gegenstände gehalten, spricht Augustin: Ihr wisset, daß wir in jenem Hause, welches der Bischofshof genennet wird, uns so zu leben befleißen, wie jene Heiligen gelebt haben, von welchen es in den Apostelgeschichten heisset: Niemand nennte etwas

Sein;

Sein; sondern alles war allen gemein. Valerius hat mir den Garten gegeben, auf welchem jezt das Münster steht. Als ich Bischof geworden bin, merkte ich, der Bischof könne nicht vermeiden, gastfrei gegen jedermann, sonderlich gegen Reisende zu sein; und wenn ich das unterließe, würde ich mich einen geizigen und unfreundlichen Bischof müssen schelten lassen. Weil es aber unschicklich gewesen wäre, daß da die Geistlichen wohnten, wo man die Fremden aufnahm; darum habe ich selbe in dem abgesönderten Priesterhause bei mir haben wollen.

d) Eines der größten war gewiß die Beschwerlichkeit, Bücher zu finden, die vollkommen miteinander übereinkämen; wie sie doch zum Lehren sowohl, als zum Lernen unumgänglich vonnöthen waren. Die Buchdruckerkunst war damal noch nicht erfunden: alle Bücher mußten mit der Feder geschrieben werden. Zu dem waren die Stifter und Klöster nach und nach zu größerer Vollkommenheit gediehen; und da brauchte man allerhand Gattungen Kirchenbücher: Choralbücher, Antiphonenbücher, Psalmenbücher, Zeremonienbücher, Meßbücher ꝛc. ꝛc. Was mußte da nicht für Mühe und Zeit darauf gehen, solche zu verfertigen? Von solchen Bücherschreibern berichtet Hermann in seinem Buche de Restaurat. S. Martini Turon. am 79. Kap. folgendes: Er war froh, daß ihm der Himmel viele Schreibfähige bescheeret hatte; denn wenn man ins Kloster kam, fand man gewöhnlich ein Duzent junge Mönche an ihren Schreibpulten in höchster Stille

Stille, und mit höchstem Fleiße im Schreiben begriffen. Aber Kirchenbücher, hat das Kapitel zu Aachen im Jahr Christi 789. Kap. 70. beschlossen, nicht von jungen Leuten, sondern nur von betagten Männern abschreiben zu lassen. Vom Orte, der zum Bücherschreiben bestimmt war, hat Alkuin in Versen die man Tom. II. Opp. Omn. pag. 211. neuester Ausgabe finden kann, geschrieben, wovon der Inhalt ist:

Hier sollen jene sitzen, welche die Bibel, und die hinterlassenen Werke der heil. Väter abzuschreiben haben.

Sie sollen sich unter dem Schreiben vor müßigem Geschwätze hüten, damit keine Schreibfehler mit einschleichen.

Um geschwind und richtig fortschreiben zu können, sollen sie sich keine andere, als richtig geschriebene Bücher zur Vorschrift nehmen.

Sie sollen die Redeunterscheidungszeichen sorgfältig an ihren gehörigen Ort setzen, damit sichs nicht zutrage, daß der Leser im Chore, weil ein Strichpunkt am unrechten Orte steht, Worte zusammensetze, die nicht zusammen gehören; oder etwa wegen einem übelangebrachten Schlußpunkte gar still halte, wo er doch noch hätte fortlesen sollen.

Ein edles und verdienstliches Werk ist es, heilige Bücher abzuschreiben.

Es ist weit besser, als Aecker und Weinberge bauen; denn das Feldbauen ist nur ein leibliches, das Bücherschreiben aber ein geistliches Werk;

Durch

Durch jenes wird der Bauch; durch dieses aber die Seele genähret.

Einem Lehrer, der in den Schriften der heil. Väter wohl bewandert ist, wird es nicht fehlen, Altes und Neues (Matth. 13. K. 52. v.) in Menge hervorbringen zu können.

In dem Leben des heil. Babolent, wie es Chiffletius herausgegeben n. 2. wird berichtet: Erst bethete man: hernach las, und studierte man die heiligen Schriften: alsdann übte man sich im Bücherschreiben. Wir besitzen noch sehr viele Bücher, die er selbst (der H. Babolen) mit eigner Hande soll abgeschrieben haben. In dem geschriebenen Buche, in welchem die Verordnungen des heil. Viktors von Paris aufbehalten sind, am 19. Kap. lieset man: Allen Klosterbrüdern, welche der Abt zum Bücherschreiben ausersehen und bestimmt hat, soll der Bücherverwahrer anweisen, was sie schreiben sollen; und ihnen an nichts mangeln lassen, was zum Schreiben vonnöthen ist: und anders sollen sie nichts schreiben, als was ihnen dieser befohlen hat. Woraus deutlich abzunehmen ist, daß die Meinung derer keinen Grund habe, welche behaupten wollten, die Schreiber haben nur geschrieben, was man ihnen in die Feder diktirt hätte. Und im nämlichen Buche und am nämlichen Kapitel besser unten steht: Auch soll man einen gewissen Ort im Kloster einräumen, wo die Bücherschreiber, von der übrigen Klostergemeinde abgesöndert ihrem Geschäfte ungehinderter obliegen können. Und dort soll ein jeder das strengste

strengste Stillschweigen halten; und keiner außerhalb müßig herum schlendern; niemand soll, außer dem Abte, dem Prior, dem Subprior, und dem Bibliothekar, Erlaubniß haben, dorthinein zu gehen. Der Karthäuserprior Guigo sagt in seinem Buche, welches er über die vierfache Beschäftigung in der Klosterzelle geschrieben, am 36. Kap. Das Bücherschreiben sei eine eigenthümliche Verrichtung eines verschlossenen Karthäusers gewesen. Seine Worte sind die: Nun das muß deine hauptsächliche Verrichtung sein.... daß du dich fleißig auf das Bücherschreiben verlegest; denn das ist das eigentliche Geschäft jener Karthäuser, die von der Gemeinde abgesöndert, in besonderen Zellen verschlossen zu leben gewählet haben. In den Satzungen des eben gemeldten Guigons am 28. Kap: §. 4. steht: Beinahe alle, die wir in unsern Orden aufnehmen, werden Schreiben gelehrt..... denn Bücher, als die immerwährende Nahrung unserer Seelen, wollen wir nicht nur mit aller Sorgfalt bewahrt; sondern auch mit allem Fleiße verfertiget wissen; damit, weil doch die Einrichtung unsers Ordens nicht zuläßt, Gotteswort mit dem Munde zu verkündigen, wir zum wenigsten mit den Händen das Unserige zu dieser Verkündigung beitragen: denn wir schmeicheln uns, so viele Verkündiger der Wahrheit aufgestellt zu haben, als Bücher wir geschrieben haben; und Gott wird uns ohne Zweifel den Lohn für alle die angedeihen lassen, welche durch dieselben entweder von ihrem Irrthume zurückgerufen; oder in der Erkenntniß der katholischen Wahrheit befördert worden sind ꝛc.

§. II.

§. II.

Da nun einmal ein so herrliches Grundgebäude für die Studien angelegt war, haben die freien Künste 1), und Wissenschaften mit Gottes Beistande angefangen, so empor zu kommen, daß man unter der Regierung Karl des Großen 2), Ludwig des Frommen 3), Karl des Kahlen 4), und der damaligen Bischöfe, die Priesterhäuser 5), und Mönchsklöster 6) für eben so viele hohen Schulen hätte ansehen können, die ihrem großen Zwecke so vollkommen entsprachen, als man es in denselben Zeiten immer erwarten konnte.

1) Damals unterrichtete man die Jünglinge zuerst in der Sprachkunde (Grammatik) Rechtdenkkunst (Dialektik) und Wohlredekunst (Rhetorik). Diese drei Künste waren gleichsam ein dreifacher Pfad, zu einer höheren Gelehrsamkeit zu gelangen; darum nennte man das Studium derselben *Trivium*; und einen, der sie wirklich studierte, *Trivialis*, gleichsam Dreipfädler.

Aus dem Trivium kam der Jüngling in das Quatrivium, nämlich zur Rechenkunst, Tonkunst, Erdmeßkunst, und Gestirnkunde *), welche vier Künste für eben so viele Wege zu den höchsten Wissenschaften angesehen wurden. Alsdann dorfte er endlich zur Weltweisheit, und Gottesgelehrtheit eintreten.

*) Boëtius in seinem Buche von der Rechenkunst 1. Kap. sagt:

ſagt: **Eine Mehrheit** von Dingen nur betrachtet, in ſo weit ſie eine Zahl ausmachen, geht die **Rechenkunſt** an: eben dieſe Mehrheit von Dingen, in ſo weit ſie in einem gewiſſen Verhältniſſe von Zahl, Zeit, und Klang mit einander ſtehen, betrachtet, macht die **Tonkunſt** (Muſik) aus. Unabänderliche Größen auszumeſſen, das lehrt die **Erdmeßkunſt** (Geometrie): und Größen zu berechnen, die ſich nach Zeit und Orte verändern, das iſt der **Sternkunde** (Aſtronomie) ihre Sache. Und das iſt nun der vierfache Weg, auf welchem diejenigen wandern müſſen, die zu den höheren Wiſſenſchaften gelangen wollen. Allen vieren zuſammen hat man den Namen Quatrivium gegeben; weil ſie ſo in einander verwickelt ſind, daß man eine ohne die andern unmöglich recht begreifen kann; und der eben ſo keine vollkommne Gelehrtheit beſitzt, dem auch nur eine von dieſen vieren fehlt; wie der kein vollkommnes Geſicht hat, dem ein Aug am Kopfe mangelt.

2) Dieſer große König der Franken ließ ein Schreiben an alle Biſchöfe und Aebte ſeines Reiches ergehen, wovon ſich die Abſchrift, welche nach Fuld an den Abt Baugulf kam, bis auf unſere Zeit erhalten hat. Darinn heißt es unter andern ſo: Wir thun hiemit Eurer Gottſeligkeit zu wiſſen, daß wir mit Zuziehung unſerer Räthe für nützlich erachtet haben, daß ins künftige in den biſchöflichen Prieſterhäuſern, und Klöſtern unſeres Reichs das Lehramt der Wiſſenſchaften, ſonderlich aber die Sprachkunde mit der Uebung eines geiſtlichen Lebenswandels vergeſellſchaftet werde; und ſie alſo, die zeither Schulen reiner Sitten geweſen ſind, hinfüro auch Schulen einer reinen Sprache ſein ſollten; damit man

dort,

dort, wo man Gott zu gefallen sucht mit einer wohlgeordneten Art zu leben, ihm auch zu gefallen lernen könne durch eine wohlgeordnete Art zu reden. Denn es steht geschrieben: Aus deinen Worten wirst du entweder rechtschaffen, oder strafwürdig erkläret werden. Freilich ist mehr an rechtschaffenen Handlungen, als an großen Kenntnissen gelegen; aber Kenntnisse muß man doch vor den Handlungen haben. Eben darum soll man begierig sein, das vorher zu lernen, was man einstens ausüben will; und soll fest dafür halten, daß man im Lobe Gottes desto eifriger, und im Gespräche mit den Menschen vor lügenhaften Reden desto gesicherter sein werde, wo mehr man in dieser Lehre zugenommen hat. Und, weil uns eine Meldung von Lügen unter die Feder gekommen ist, da sich Lügen für niemand auf der ganzen Welt schicken, für wen werden sie sich wohl weniger, als für die schicken, denen die Wahrheitsliebe Kraft ihres Berufs näher am Herzen liegen muß? Wir können hiebei nicht umhin, euch etwas zu entdecken, was zeither tief in uns verborgen lag. Es ist noch nicht lang, daß aus verschiedenen Klöstern viele Briefe an uns kamen, in welchen man uns berichtete, wie sehr sich die Klosterbrüder beeiferten, unserer in ihrem Gebethe zu gedenken. Die meisten dieser Schreiber geben den Beweis, daß ihre Denkungsart recht gut, ihre Schreibart aber desto schlechter sei; denn sie druckten ihre beßten Gesinnungen durchgehends hart und fehlerhaft aus. Woher konnte das anders kommen, als

weil

weil sie die Erlernung der Wissenschaften, und sonderlich der Sprachlehre verabsäumten? Wir glaubten darum nicht ohne Grund förchten zu dörfen, ob sie nicht, da sie sich so schlecht auf das Schreiben verstehen, sich noch weit schlechter in den Verstand nützlicher Schriften selbst zu finden wissen. Und da weiß man ja doch, daß Verstandfehler mehr, als Sprachfehler auf sich haben. Derohalben geht unsre Bitte an euch, ihr wollet die Studien nicht als eine Sache ansehen, die man ohne Nachtheil hintansetzen könne; im Gegentheile, ihr wollet euch mit aller Demuth, und Gott gefälligster Absicht bestreben, es in dem Fleiße darauf einer dem andern bevorzuthun. Seid versichert, ihr werdet alsdann die heil. Schrift und ihre Geheimnisse viel leichter verstehen können. Ja: (wir können es euch nicht ernstlich genug einbinden) ihr wisset, daß sich in der heil. Schrift viele dunklen, verblümten, geheimnißvollen Redensarten finden; aber alle diese werdet ihr euch desto leichter erklären können, je ernstlicher ihr dem Hör- oder Lehramte bei den Wissenschaften werdet obgelegen sein. Aber das müßet ihr dabei auch nicht außer Acht lassen, daß ihr nur solche Leute dazu ausersehet, die eines Theils Lust und Fähigkeit zum Lernen haben; und andern Theils sich mit Unterweisung anderer gern abgeben. Und das alles wollen wir, daß es mit einer so guten Absicht von euch befolget würde, als die ist, mit welcher wir es euch empfehlen; denn wir wünschten, daß die heil. Kirche an euch nicht nur fromme, sondern auch gelehrte; und

über=

überhaupt solche Mitglieder haben möge, welche eben so erbaulich zu sprechen wissen, als erbaulich sie zu leben pflegen; damit alle diejenigen, welche zu euch kommen, sich an eurem Tugendwandel zu erbauen, zugleich durch eure vernünftige Reden aufgekläret wieder von euch gehen, und Gott, als um ein großes Glück, danken, euch kennen gelernt zu haben. Den Schluß dieses königlichen Zirkularschreibens, welchen andere Authoren weggelassen haben, finden wir bei Meinders in seinem Buche, welches er Sammlung der fränkisch- und sächsischen Alterthümer betitelt, wo es im 304. Brief so. lautet: Nun so säume nicht, Abschriften von diesem Briefe an alle dir, als Erzbischofe, untergebenen Bischöfe, und an alle Klöster zu bestellen. So lieb dir unsere königliche Huld ist. Nebst dem sei sorgfältig daran, daß kein Mönch außer dem Kloster Gerichtsbarkeit übe; oder auch nur dabei sei, wo Gerichte und rechtliche Handlungen vorgehen. Hiermit Gott befohlen. Und im ersten Buche seiner Satzungen (Capitularia) bei der Zahl 62. spricht Karl: Wir befehlen ihnen auch alles Ernstes an, die Worte des Herrn in seinem Evangelium vor Augen zu haben: So soll euer Licht vor den Menschen leuchten, daß sie eure guten Werke sehen, und euern Vater ehren, der im Himmel ist: und sollen sich also bestreben, einen erbaulichen Wandel zu führen, damit noch viele andern durch ihr gutes Beispiel Lust zum geistlichen Leben bekommen. Dabei sollen sie aber nicht nur auf Kinder der Leibeigenen; sondern auch auf Kinder der Freigebohrnen sehen, wenn sie Neulinge ins Kloster aufnehmen wollen. Auch sollen an jedem Bischofssitze, und in jedem Mönchskloster Schulen errichtet werden, wo man die Knaben in den Psalmen, Choralnoten, dem Kirchengesange, dem Kirchenkalender, und in der Sprachkunde unterrichten soll. Man soll auch ernstlich darauf bedacht sein, daß die Lehrbücher, die man den Kindern unter die Hand gibt, und sonderlich ihre Gebethbücher recht und ohne Fehler geschrieben seien; weil sonst leicht geschehen kann, daß, wenn sie Gott um etwas bitten, ihre innerliche Bitte zwar gut, die mündliche Bitte aber ungeschickt sei. Und Bücher, woran was gelegen ist, zum Beispiele das Evangelium, den Psalter, das Meßbuch, soll man nicht von Kindern, weil sie diese leicht verhunzen würden, sondern von gestandenen und gescheiden Männern schreiben lassen.

3) Der Kirchenrath, welcher im Jahre 816. zu Aachen gehalten worden, gibt uns am 135. Kap. einen überzeugenden Beweis davon: Eine der dringendesten Sorgen der Kirchenvorsteher soll sein, daß die Knaben, und Jünglinge in den ihrer Obsorge anvertrauten geistlichen Gemeinden in strengster Zucht gehalten werden, damit sie keinen Plaz zu Ausschweifungen, wozu sie Alters halber so geneigt sind, finden mögen. Darum sollen sie die Vorgesezten einem ernsthaften und tugendsamen Geistlichen als Aufseher und Sittenlehrer untergeben, der immer ein scharfes

fes Aug auf sie habe, und sie streng im Zaume halte; damit sie unter einer so heilsamen Zucht zum Beßten der Kirche aufwachsen, und sich durch schöne Sitten, und gründliche Gelehrsamkeit zu Kirchenämtern, fähig machen. Zu besserem Nachdrucke schickt sichs, hier einen Spruch der heiligen Väter anzuführen, der so lautet: Der Mensch ist von Jugend auf zu Lastern geneigt: nichts ist unbeständiger als das jugendliche Alter: darum hat man für gut befunden, zu verordnen, daß, wenn sich unter der Klerisei Knaben und Jünglinge befinden, diese alle beisammen in einem Gemache, beim Eingange des Gotteshauses unter den Augen eines bejahrten und Gottesfürchtigen Mannes wohnen, und also ihre gefährliche Jugendjahre nicht in kindischer Ausgelassenheit, sondern in christlicher Zucht, und Lernung der Wissenschaften hinbringen sollen.

4) Heinrich, ein Mönch von Auxerre in Frankreich, gibt einen Beweis davon in der Vorrede zu seiner Lebensbeschreibung des heil. Germans, die er Karlen nach seiner Thronbesteigung gewidmet hat. Dort spricht er so: Viele Denkmäler deiner Gottesfurcht, und Wohlthätigkeit machen deinen Namen freilich schon groß genug; aber, daß du es deinem verewigten Großvater Karl an Beförderung der Künste und Wissenschaften so gar bevorthust, das muß ihn gar unsterblich machen. Er fand sie, wie Feuer unter der Asche glumsen, und blies es wieder an; aber durch dein dahin verwendetes Ansehen, und

deine königliche Freigebigkeit lodert jezt dieses göttliche Feuer in hohe Flammen auf: ja, um große Dinge mit großen zu vergleichen, es erhebt sich bis hinauf an die Sterne. Unter dir haben gute Köpfe eine doppelte Ermunterung, sich den Wissenschaften zu widmen: dein eigenes großes Beispiel, welches allen vor Augen steht, und deine reichliche Wohlthätigkeit, womit du nicht wenigen aufhilfst. Bei einem solchen Eifer für die Studien kann sichs freilich nicht fehlen, daß du nicht zu verschiedenen Beschwerden gegen dich Anlaß geben solltest; welche deine ausnehmende Klugheit alle zu vereiteln weiß. Denn können es andere Länder mit gleichgültigen Augen ansehen, daß sie durch dich um ihre beßten Köpfe und gelehrtesten Leute kommen; indem du, so bald du nur etwas von einem berühmten Meister in einer Kunst, oder Wissenschaft, sonderlich in der allgemein nüzlichen Weltweisheit höresst, sollte er sich auch am Ende der Welt aufhalten, keine Ruhe und Kösten mehr sparest, bis du ihn in deinem Reiche habest, um deinen Völkern bei der dummen Trägheit so angenehmen, und der trägen Dumheit so günstigen Vorwand zu entreißen, man könne nicht lernen, weil niemand da sei, der lehren könne. Griechenland vergeht schier vor Neide und Aergern darüber, daß seine ehemaligen gelehrten Einwohner die Schäze Asiens verlassen konnten, um der Ehre und der Vortheile zu genießen, dir zu Dienste zu sein! Es kanns nicht verschmerzen, da es sonst durch die Künste und Wissenschaften,

ten, das Wunder der Welt gewesen, sich jezt aber davon so verlassen, und verachtet, und seine ehemaligen Vorzüge in deine Lande, die ihm sonst so unbedeutend waren, ausgewandert zu sehen. Ja was soll man dazu sagen, daß beinahe ganz Irrland mit allen seinen vielen Weltweisen sich von dem welten Meere nicht einmal abhalten läßt, sich an unsere Küste zu erheben; und daß dort niemand so gelehrt sei, der nicht gern seinem Vaterlande den Rücken kehre, um in einem fremden Lande unter dem weisesten Salomon glänzen zu können. Was ist darum natürlicher, unüberwindlichster Kaiser, als daß die ganze Welt über dich klage und schreie, du habest, um dich und dein Volk aufzuklären, beinahe allen andern Völker das Licht hinweggenommen? Denn ist es nicht eins, einem Lande die Lehrer nehmen, und es in finstere Dumheit stürzen? So haben sich denn nun die schönen Künste und Wissenschaften aus andern Ländern zu dir geflüchtet; und wer weiß, vielleicht wären sie gar aus der Welt hinausgeflohen, wenn du ihnen nicht Plaz in deinem großen Reiche gegeben hättest, wo sie nun allein, der ganzen Welt zur Erstaunung ihren göttlichen Wohnsiz aufgeschlagen haben. Ja, was noch mehr ist, das alte Sprichwort: Wo der Janustempel offen steht, da sind die Musentempel geschlossen, höret bei dir auf, ein Wahrwort zu sein; denn unter dir gehen die Studien bei Kriegszeit nicht weniger, als bei Friedenszeit im Schwunge: so, daß man mit Recht eine jede Schul eine Hofhaltung, und die Hofhaltung eine

Schul

Schul nennen kann, weil die Kriegskunst und die freien Künste überall in gleichem Ansehen stehen. Kurz: alle die herrlichen Früchte, die durch die schönen Künste und Wissenschaften hervorgebracht werden, hat man einzig dir zu verdanken, dir sage ich, der du zu lauter großen Dingen gebohren, und so hoch über andere an Tugend und Weisheit, wie an der Würde erhoben bist ꝛc.

5) Den Grundriß zu der gemeinschaftlichen Lebensart, die der Bischof zu Hippon, Augustin, seinen untergebenen Geistlichen vorschrieb, hat er aus dem Buche der Apostelgeschichten genommen. Die Kirchenversammlung zu Mainz im J. 813. hat diese schöne Einrichtung mit großen Lobsprüchen empfohlen; und die zu Aachen im J. 816. hat darauf angetragen, daß sie, als die allervollkommenste, in das fränkische Reich eingeführt würde. Da der dabei anwesende Kaiser Ludwig selbst darum anhielt, haben die versammelten Väter mit aufgehobenen Händen Gott Dank gesagt, daß er ihnen einen solchen Fürsten verliehen hätte, der, wie sein großer Vater, um die Kirche nicht weniger, als um das Reich besorgt war. Man schickte sodann Abschriften dieses Augustinischen Instituts an alle Erzbischöfe in Frankreich und Deutschland: und sie wurden da mit solchem Eifer aufgenommen, daß die Bischöfe ihren Geistlichen befahlen, sie alle Tage zu überlesen, um sich dadurch ihre Kenntniß geläufiger, und ihre Beobachtung leichter zu machen. So wurde das ganze Leben der Geistlichen gemeinschaftlich ein=

eingerichtet: so hatten sie in jedem Münster gemeinschaftlichen Genuß der Güter; gemeinschaftlichen Tisch; gemeinschaftlichen Chor; gemeinschaftliche Schlafstätte; gemeinschaftliche Bibliothek; und gemeinschaftlichen Unterricht in der heil. Schrift. Der Bischof war der Oberste des Hauses: nach ihm kamen der Dechant und Probst: jener hatte das Geistliche; dieser das Weltliche, sammt der ganzen Hauswirthschaft zu besorgen. Nach solchen waren in den geistlichen Häusern, die man damals Münster nennte, die Vornehmsten: der Schulmeister, der Chormeister, der Küchenmeister, der Schatzmeister, der Gastmeister; und jeder hatte seine anberaumte Verrichtung. Die Kanoniker (so nannte man die Geistlichen, die beisammen in Gemeinschaft lebten; weil sie nach einer gewissen Vorschrift leben mußten, die Kanon hieß) mußten täglich einer geistlichen Lektion beiwohnen; sie durften ohne Erlaubniß nicht aus dem Hause gehen; nicht außer demselben essen oder trinken; und durften, damit sie von den Mönchen ausgezeichnet wären, keine Kukullen tragen.

Von der Aufhebung des gemeinschaftlichen Lebens in den Stiftern gibt der Abt Tritheim in seiner Chronik des Klosters Hirschau auf das Jahr 977. folgenden Bericht: In diesem Jahre starb Theodoricus Erzbischof von Trier, unter dessen Regierung die Domherrn des hohen Münsters daselbst das gemeinschaftliche Leben, welches ihre Vorfahren bis dahin ununterbrochen fortgeführt hatten, aufgegeben haben; nicht mehr Regulargeistliche sein wollten; sondern, wie dem Namen, also auch der Lebensart nach Weltgeistliche geworden sind. Deren ihrem bösen Beispiele sind auch die Stiftsherrn zu St. Paulin in Trier; zu St. Kastor in Koblenz; die zu Mainz *); Worms; Speier; und vieler andern Kirchen gefolgt, und haben, zwar nicht zu eben der Zeit, doch aus eben dem heillosen Antriebe, die Gemeinschaft des regularen Lebens von sich geworfen.

*) Daß zu Mainz das gemeinschaftliche Leben in den Stiftern bis um die Mitte des dreizehnten Jahrhunderts gedauert habe, kann man mit Urkunden beweisen. Doch davon an einem andern Orte. Da soll nur noch etwas weniges, so die Schulen betrift, angeführt werden.

Wer gern wissen möchte, was es mit einem Domscholaster zu Mainz für eine Beschaffenheit gehabt habe; und was für Verordnungen in Betreff der Scholaren vom Jahre 976. bis 1191. herausgekommen sind, der kann es in dem Codex Diplomaticus des Herrn von Gudenus Tom. I. pag. 295. 298. 299. 355 &c. finden. Die Einrichtung der wormser Schule beschreibt Schannat Histor. Wormat. Cod. prob. Num. 52. 66. 68. 71. Die Schul zu Hildesheim hat der Kaiser Otto I. in helleres Licht gesezt, da er ihr seinen Sohn, und Thronfolger, Otto den Jüngern, zur Erziehung und zum Unterrichte in den schönen Künsten anvertrauet hat. Das würde er wohl nicht gethan haben, wenn selbe Schule nicht vorher schon wegen

ihren

ihren vortreflichen Lehrern berühmt gewesen wäre.
Williglš, der hernach Erzbischof zu Mainz ward, hat
an derselben den höchsten Ruhm der Gelehrtheit er#
worben, und ist alldort Stiftsherr gewesen. Der
Ruhm der Schule zu Köln am Rhein ist mit in dem
Lobe begriffen, welches Aegid von Lüttich in seiner Le#
bensverfassung der lütticher Bischöfe am 47. Kap. dem
Bischofe Heraklius mit diesen Worten beilegt: Er
war von einem vornehmen Geschlechte in Sachsen:
fieng an zu Köln am Rhein von unten auf zu
studiren; und brachte es in allen Gattungen der
Wissenschaften so weit, daß er keinem der größten
Gelehrten aus dem Wege gieng. Die Schule zu
Bremen war unter dem Kaiser Otto I. weit und breit
berühmt. Adam, von Bremen gebürtig, schreibt da#
von in der Kirchengeschichte seines Vaterlandes am 57.
Kap. so: Damal (nämlich unter der Regierung des
Kaisers Otto) lebte Zilhard, ein hochberühmter
Mann zu Bremen, den man sonderlich wegen sei#
ner freiwilligen Armuth bewunderte: er war Probst
am Münster allda, und Vorsteher der dazu gehö#
rigen Regulargeistlichen: auch war seiner Obsorge
die Münsterschule anvertraut, die er durch seinen
Eifer für die Wissenschaften gewaltig empor brach#
te: wie auch Adhelm that, der unter dem Lehrer
Oktrich von Magdeburg studiret hatte. Weiter am
77. Kap. Alsdann war in Dännemark berühmt
Odinkar, der Aeltere, seligen Andenkens; welcher
in Finnland, Seeland, Schonen, und in Schweden
das Evangelium verkündigt, und eine Menge zum
christlichen Glauben bekehrt hat. Odinkar, der

Jüngere, sein Enkel, war sein Lehrjünger: auch der war aus dänisch-königlichem Geblüte entsproßen: er war sehr begütert; und man sagt, daß er das Bisthum zu Ripen aus seinen eigenen Mitteln errichtet habe. Er ward in seiner Jugend nach Bremen zur Schule gethan; ward allda von dem Bischofe Adaldag selbst getauft, und bekam auch dessen eigenen Namen Adaldag. Endlich am 132. Kap. thut er Meldung von einem Osmund, den der normännische Bischof Sigfried vorlängst nach Bremen zum Studiren geschickt hatte.

Wem es um mehrere Nachrichten von den Domschulen zu thun ist, kann sie in einer jeden ihrer besonderen Geschichten nachschlagen. Von Stiftschulen erwähne ich nichts. Man findet noch jezt Handschriften davon zu Mainz im Liebfraustifte, zu Aschaffenburg, zu Frankfurt im Bartholomäusstifte, zu Fritzlar ɿc. Von den Schulen zu Trier liefert Urkunden in der Menge Hontheim Histor. Diplom. Trevir. Tom. I. pag. 12. 14. 34. 74. 75. 93. 250. 346. 473.

6) Trithem erzählt in seiner Lebensbeschreibung Rhabans folgendes von der Klosterschule zu Fuld, welches er aus den Schriften Meinfreds genommen hat: Der unvergeßliche Abt Ratgar hat auf Anrathen seiner Mönche zum allgemeinen Beßten im Kloster zu Fuld eine öffentliche Schule gestiftet, über welche er den Raban zum Lehrer bestellt hat. Raban trat also im Jahre Christi 813. in der sechsten Römerzinnszahle, in einem Alter von 25 Jahren das Lehramt in

der

der Klosterschule zu Fuld an; und bediente sich
alldort der nämlichen Lehrart, die er selbst erst
kurz unter dem Albin gelernt hatte: allererst gab
er seinen Schülern Unterricht in der Grammatik;
und hernach, wenn er sie fähig befunden hatte,
auch in höheren Wissenschaften. Als sich nun der
Ruf einer so vortreflichen Schuleinrichtung in
Deutschland überall verbreitete, sind viele Aebte,
denen selbe Lehrart gefiel, darauf verfallen, theils
ihre jüngeren Mönche nach Fuld zu schicken, all=
dort unter Rabanen zu studiren; theils selbst
Schulen in ihren Klöstern aufzurichten, für welche
sie gelehrte Mönche von Fuld zu Lehrern verlang=
ten. Es dauerte nicht lang, so wuchs die Zahl
der Schüler Rabans sehr an; und ganz Deutsch=
land und Frankreich ward voll von dem Ruhme
seiner ausnehmenden Gelehrtheit und Tugend.
Daher schickten nicht nur Aebte ihre Mönche, son=
dern auch weltliche vornehmen Leute ihre Söhne
dem Raban zum Unterrichte zu, die er mit größ=
ter Freundlichkeit, und nicht geringerem Fleiße, ei=
nige in der Sprachkunst; die andern in der Wohl=
redekunst; wieder andere in der Weltweisheit, und
Gottesgelehrtheit unterwies, so, wie es eines je=
den sein Alter, und Kopf vertragen konnte. Man
konnte ohne Anstand alles, was man immer woll=
te, bei ihm lernen. Er nahm aber keinen in seine
Schule auf, den er nicht lehren sollte, sich über
alles, wie es immer vorkam, in ungebundener
Rede, und in Versen auszudrücken. Aus seiner
Schule sind viele Grundgelehrten, und berühmten

Leute gekommen. Und in eben dem Buche weiter unten schreibt er: Der fulder Mönch Strabus, gebürtig aus Franken, der seinem Lehrmeister im Lehramte an der fulder Schule gefolgt ist, war in allen Wissenschaften zu Hause.

Eben der Tritheim schreibt in seiner Chronik des Klosters Hirschau auf das Jahr 892. von der Klosterschule zu St. Alban bei Mainz Folgendes: Damal war in besagtem Kloster ein grundgelehrter Mönch, mit Namen Ruprecht: er verstund griechisch und Latein: war öffentlicher Lehrer an der dasigen Mönchsschule, und hatte viele Schriften hinterlassen.... Und auf das Jahr 910. Adalbero, ein Mönch dieses Klosters zu St. Aurel (zu Hirschau) ein Schüler Linthelms, ward Schulmeister im Kloster zu St. Alban bei Mainz, welches damal sehr zahlreich an Mönchen war. Er lehrte alle Gattungen der Wissenschaften, und erwarb sich dadurch in der ganzen Gegend großen Ruhm. Nach einigen Jahren machte ihn der Erzbischof Heriger zum Abte des Klosters zu St. Ferruz; und das hat er verdient nicht nur durch seine außerordentliche Wissenschaft; sondern hauptsächlich wegen seiner Klugheit, und großen Tugend. In seiner Chronik des Klosters Spanheim auf das Jahr 1124. schreibt er von Bernhelmen: Er ward als ein fähiger Knab zur Schule geschickt, und hatte das Glück, solche Lehrer zu bekommen, die ihn nebst den Wissenschaften auch zu guten Sitten stark anhielten. Wie er an Jahren wuchs, so nahm er auch an Gelehrt=

lehrtheit zu. Nachher spürte er einen göttlichen
Beruf zum Mönchsleben; gieng in das Kloster
zu St. Alban bei Mainz, und ward allda zum
Mönch geschoren. Weil er aber noch jung, und
ein fähiger Kopf war, ließ ihn der Abt weiter fort-
studieren: und so wurde er einer der gelehrtesten
Männer seiner Zeit. Endlich wurde er zum Priester geweiht, und ihm das Lehramt in dem nämlichen Kloster aufgetragen, welchem er dann mit
täglichen Vorlesungen, und herausgegebenen Schriften zehn ganze Jahre mit großem Ruhme vorgestanden ist. Von der Schule des Klosters Hirschfeld
thut Tritheim in seiner hirschauer Chronik auf das Jahr
840. folgende Meldung: Wenn ein Abt keinen Mann
in seinem eigenen Kloster hatte, der dem Lehramte gewachsen war, trug er kein Bedenken, einen
tüchtigen Mann aus einem andern herzuholen.
So versah der berühmte Mönch Sigebert von
Gemblach lang die Schule des Klosters St. Vin-
zenz zu Mez, ob er schon in diesem Kloster nicht
zu Hause war: so kam der Mönch Strabus von
Fuld nach Hersfeld; und Notgar von St. Gallen
nach Stablo. Und auf das Jahr 1058. schreibt er:
Er ist der Klosterschule zu Korbay viele Jahre vorgestanden; und hat gelehrte Leute gezogen. Auch
in des Mönchs Lambert Chronik der Deutschen findet
man auf das Jahr 1074. Folgendes davon: Den 7.
Brachmonat starb im Kloster Herveld der Abt
Ruthard. Er war ein großer Schriftgelehrter;
und wegen seiner besondern Beredsamkeit der größ-
te Prediger seiner Zeit. Jezt nur noch ein paar

Worte

Worte von dem Kloster Lorsch aus unserer Nachbarschaft. Kaiser, Fürsten, und andere Großen des Reichs hielten dieses Kloster immer in besonderen Ehren, theils wegen der regelmäßigen Lebensart, die dort im Schwunge gieng; theils wegen den schönen Künsten und Wissenschaften, welche da in ihrem rechten Flore stunden. Man hat darum die Mönche dieses Klosters allen andern vorgezogen. In ganz Deutschland war keine Büchersammlung, wo ältere Schriften wären gefunden worden, als zu Lorsch. Münster bezeugt, er habe dort Virgils Werke mit Virgils eigener Hand geschrieben gesehen: auch habe man das lezte Buch Ammian Marzellins dort angetroffen, welches sonst überall ganz unbekannt war, und so unbekannt geblieben wäre, wenn man seine Herausgabe diesem Kloster nicht zu danken hätte. Die beßten Bücher hat hernach Johann von Dalberg, Bischof zu Worms, von dort in seine Bibliothek nach Ladenburg versezen lassen. Das berichtet ebenfalls Münster; und aus ihm Helwich in seinen lorscher Alterthümern in der Vorrede §. 12.

§. III.

Endlich hörte das so sehr gepriesene gemeinschaftliche Leben unter den Geistlichen a) auf: und da blieb vom Schulmeister, oder Scholaster b) bei den Stiftern nichts übrig, als der blose Namen. Auch bei den Klöstern kamen die Studien nach und nach ganz in Abgang c). Dafür kamen in Deutschland die hohen Schulen auf; d) worunter die zu Heidelberg,

berg, wo nicht gar die erste, doch gewiß eine unter den ersten ist e). Drei Churfürsten von der Pfalz, alle drei Ruprecht mit Namen, haben sie gestiftet f).

a) Hier erinnere man sich, was oben §. II. gegen die Mitte, und in der ersten Anmerkung gesagt worden. Um die nämliche Zeit kam die Verwaltung der Stiftsgüter, welche vorhin den Pröbsten oblag, an die Dechante und die Kapitel selbst. Die Kanoniker bekamen Wohnungen außer den Stiftsmauern. Auch wurden Vikarien aufgerichtet ꝛc.

b) Bei den Stiftern, ꝛc. waren keine Schulen mehr. Die jungen Stiftsgeistlichen giengen studierenshalben auf die hohen Schulen zu Paris, Padua, Neapel, Bologna ꝛc. Doch behielten sich die Scholaster an den Stiftern das Recht der sogenannten Emanzipation, welche damal am Ende der Studierjahre in den Schulen gebräuchlich war, eben so vor, als wenn sie die jungen Geistlichen noch selbst in der Schule gehabt hätten.

c) Tritheim berichtet in seiner hirschauer Chronik auf das Jahr 1559., daß Wignand dem Kloster 20. Jahre, 16. Monate, und 20. Tage als Abt vorgestanden sei, von dessen Thaten man aber nichts, oder doch nur sehr wenig zu erzählen habe, weil die damaligen Mönche viel zu faul dazu waren, etwas von ihm aufzuzeichnen; und die heutigen viel zu weit von selben Zeiten entfernet sind, als daß sie etwas davon wissen könnten. Denn (fährt Tritheim fort) da nun einmal in den Klöstern die

Wissen-

Wissenschaften sammt der klösterlichen Zucht am Nagel hiengen, was ists Wunder, wenn sich die Mönche gar nicht mehr darum bekümmerten, der Nachwelt etwas von den Veränderungen, die damal oft in den Klöstern vorgiengen; oder von der Reihenfolge ihrer Aebte, und derer Handlungen geschrieben zu hinterlassen? Man hat ja sogar unter den Mönchen mit einander, die heut zu Tage unter dem Namen der bursfelder Kongregation leben (Tritheim starb im Jahre 1516.) keinen einzigen finden können, der dem Beispiele der Alten zufolge entweder eine neue Chronik seines eigenen Klosters anzufangen, oder eine längst angefangene fortzusetzen Lust hätte; oder es zu thun im Stande wäre. Ich kann ohne Schamröthe nicht daran gedenken, daß ich die albernen Einwendungen, welche von vielen Aebten und Mönchen, die den Nutzen der Geschichtkunde nicht einsehen, zur Entschuldigung ihrer Unwissenheit gegen unsere Vorwürfe gemacht werden, anführen solle: und doch muß ich es thun. Sie sagen: was kann doch jezt uns daran liegen, zu wissen, wann, und von wem unsere Klöster einstens gestiftet worden sind; wie unsere Aebte auf einander gefolgt seien, und was sie in ihrem Leben gemacht haben? Sind das so große Dinge, daß man sich Mühe darum geben solle, die Geschichte davon aufzubewahren? Sie sind todt; und Lob rührt sie nun nicht mehr. O ihr in der Trägheit ganz versunkenen Leute! ihr seid nicht werth, daß man jemal nur euern Namen nenne!

nenne! ihr zeigt ja der ganzen Welt, was für dumme Eselsköpfe ihr seid, da ihr das kostbare Kleinod der Geschichtkunde verachtet, welches ihr euch nicht habhaft zu machen wisset. Die Geschichte wird nicht für Todte; sondern für jezt, und in künftigen Zeiten lebende Menschen geschrieben: wenn ihr also nicht schon wirklich, zum wenigsten dem Geiste nach, todt wäret, so würde euch die Geschichtkunde gewiß willkommen sein. Was wüßten wir dann von dem heiligen Evangelium; was von dem Leben und Leiden der Heiligen, wenn die Geschichte nicht wäre? Hinweg also mit solchen Menschen, die schon bei lebendigem Leibe in der tiefsten Unwissenheit begraben liegen; sie mögen ihr träges und unnützes Leben für sich allein verschlendern! wir wollen uns nicht länger bei den Unwürdigen aufhalten; sondern in unserem Vorhaben fortfahren. Das sind Tritheims eigene Worte.

d) Nämlich zu Köln am Rhein, zu Wirzburg, zu Leipzig, Löwen, Greifswald, Ingolstadt, Freiburg im Breisgau, Basel, Tübingen, Mainz, Wittenberg, Frankfurt an der Oder, ꝛc. ꝛc.

e) Man kann hier einsehen oben die zwote Anmerkung zum §. I.; und die Acta Acad. Palat. T. I. p. 373. &c.

f) In dem großen Saale des Hohenschulhauses liest man oben an der Decke folgende hier verdeutschten Inschriften:

XIII.

RUPRECHT der *I.* hat mich gestiftet im Jahre 1346. 1)

RUPRECHT der *II.* hat mich mit Einkünften versehen im Jahre 1391. 2)

RUPRECHT der *III.* hat mich bestätigt im Jahre 1400. 3)

Diese Jahrszeiten alle drei sind zu merkwürdig, als daß wir nicht etwas weitläuftiger davon sprechen sollten.

1) Ruprecht der I. der Aeltere, mit dem Beinamen der Rothe, folgte seinem Bruder Rudolf in der Chur im Jahre 1353. Er hatte aber schon einige Jahre vorher angefangen, die Regierung als Churgehilfe gemeinschaftlich mit seinem Bruder zu führen. Das gibt uns Licht, wie er den ersten Grund zur heidelberger Universität schon im J. 1346. legen konnte, da er doch eigentlich noch nicht Churfürst war. Er faßte damal schon den ernstlichen Entschluß zu diesem heilsamen Werke; und fieng alsobald an, die kräftigsten Mittel zu diesem Zwecke anzulegen. In diesem Verstande wird das Jahr 1346. auch das Stiftungsjahr auf einer auf das Jahr 1686., als Jubeljahr der Universität, geprägten Schaumünze genennet; auf deren Vorderseite steht: UNIVERSITATIS HEIDELBERGENSIS FESTUM SECULARE III. (Das dritte Jubeljahr der Universität zu Heidelberg.) Auf der Rückseite: D. O. M. S. FUNDATA CIƆCCCXLVI. INTRODUCTA XVIII. OCT. CIƆCCCXXXVI. A RUPERTO SENIORE, ELECT. PAL. NUNC SUB. AUSPICIIS.

ciis. Seren. Dn. Philippi. Wilhelmi. El.
Pal. ejus. Filio. Dn. Friderico. Wil. Rect.
Magnificentiss. CIƆIƆCXXCVI. $\frac{XXV}{XV}$ Nov.
Jubileum. celebrat.

Auf Deutſch: Mit Gottes des Allerhöchſten
Hilfe iſt ſie von Ruprecht dem Aeltern, Chur⸗
fürſten zu Pfalz im Jahre 1346. angelegt; und
dann im J. 1386. den 18. Weinmonat wirklich
eröffnet worden: nun aber unter der glüklichen
Regierung ſeiner Churfürſtlichen Durchleucht Phi⸗
lipp Wilhelms, da deſſen durchleuchtigſter Herr
Sohn Friedrich Wilhelm ihr als Rektor Magni⸗
fizentiſſimus vorſteht, im Jahre 1686. den 15.
Windmonat, nach dem alten; den 25. Windmo⸗
nat aber nach dem neuen Kalender, feiert ſie
ihr Jubeljahr.

Die feierliche Ausſicht, welche die heidelberger Uni⸗
verſität ſchon bei ihrem Urſprunge gewann, entſprach
dem unermüdeten Eifer, mit welchem ſich unſer Rup⸗
recht für ſie verwendete, ſo ſehr, daß ihm der Pabſt
Urban der VI. ſchon im J. 1385. den 23. Weinmo⸗
nat eine Bulle darüber zuſchikte, in welcher er ver⸗
ordnete: daß in ſeiner Stadt Heidelberg, wormſer
Bisthums, als der Hauptſtadt ſeines ganzen Lan⸗
des, wo geſunde Luft, und Uiberfluß an Lebens⸗
mitteln iſt, hinfüro eine hohe Schule für alle ſchö⸗
nen Künſte und Wiſſenſchaften ſein; und ſo fort
zu ewigen Zeiten allda in der Gottesgelehrtheit,
dem Kirchenrechte, und allen andern gewöhn⸗
lichen

lichen Fakultäten Vorlesungen gehalten werden sollen, eben so, wie zu Paris; und daß alle die, welche sich dort Lehrens= oder Lernens halben aufhalten, auch eben die nämliche Rechte und Freiheiten, wie die auf der hohen Schule zu Paris, genießen sollen. Endlich daß man allen denen, die nach gehöriger Prüfung würdig befunden worden, in allen Fakultäten die Lizentiaten= und Doktorwürde ertheilen könne, wozu der zeitliche Domprobst von Worms das Recht haben sollte, jedesmal die Vollmacht zu ertheilen 2c. Wer diese Bulle in ihrer lateinischen Ursprache lesen will, findet sie in den Actis Academ. Palat. T. I. p. 388.

Gleich das Jahr darnach an St. Remigstage hat Ruprecht, der erstgemeldten päbstlichen Bulle zufolge, eine Verordnung herausgegeben, daß die heidelberger Universität in allen Stücken, so viel es sich immer thun ließ, nach dem Fuße der Pariser einzurichten wäre: es sollten nämlich alldort eben die vier Fakultäten sein: die Theologische, weil da göttliche Dinge abgehandelt werden, dem Range nach die Erste: hernach die Juridische, die wegen ihrer Verbindung mit einander, aus beiden Rechten, dem Geistlichen und Bürgerlichen, zugleich bestehen sollte: die Dritte, die Medizinische; und die Vierte, die sogenannte Artistische, oder Philosophische: welche leztere er auch eben so, wie zu Paris, unter vier Nationen abgetheilt haben wollte. So sollten alle diese Fakultäten, und Nationen eine Universität zusammen ausmachen, und alle, die dort in was immer für einer von diesen Fakultäten

studi=

studierten, sollten wie ächte Kinder eben derselben Mutter angesehen werden. Ferner sollte die Universität einen Rektor Magnificus haben: diese Stelle sollte keiner, der nicht zum Wenigsten die Magisterwürde in der Philosophie erhalten hätte, vertreten können: und mehrmal im Jahre sollte ein neuer Rektor erwählet werden, alles, wie zu Paris: und sogar an eben den Tagen sollte diese Wahl gehalten werden, an denen sie zu Paris zu geschehen pflegt: nämlich erstens am Tage nach St. Dionys (10. Weinm.) Hernach am Tage, da man im Chore singt: *O Adonai & Dux Domus Israel.* O Herr Gott, und Fürst des Hauses Israel: (im Christm. um das Fest der heil. Luzia) drittens am Tage vor Maria Verkündigung, (24. Lenzm.) wenn dieses Fest vor dem Palmsonntage fällt; sonst aber am Freitage vor dem Palmsonntage; und endlich am Tage nach St. Johannes des Taufers (25. Brachm.). Auch sollte ein jeder, welcher dort promovirt würde; oder wenn er schon promovirt wäre, das Lehramt antreten wollte, vorher schwören, daß er die Satzungen der Universität getreulich halten; ihre Rechte und Freiheiten, so viel an ihm ist, schützen; das, was sie geheim gehalten haben will, nirgendwo, er komme in der Welt hin, wo er will, entdecken; den jedesmaligen Rektor, und die Rektorswürde in Ehren halten; und den Befehlen des Rektors, ohne Ausnahme was immer für einer akademischen Würde, zu welcher er promovirt ist, in allen rechtmäßigen Stücken gehorchen wolle. rc. rc. In einer andern Verordnung, welche er an eben dem Tage desselben Jahres herausgab, verspricht sich Ruprecht:

ſtudierluſtige junge Leute würden deſto lieber und häu=
figer nach der hohen Schule zu Heidelberg ziehen,
je mehrere Freiheiten, und größere Sicherheit ſie
alldort zu genießen hätten: indem er und ſeine Nach=
folger an der Chur alle dortigen Univerſitätsbürger ſo=
wohl auf ihrer Hinreiſe auf die Schule, als auf ihrer
Rückreiſe von derſelben unter ihren beſondern Schutz
und Geleit nahmen, und darum allen ſeinen Unter=
thanen bei Verluſt ſeiner Gnade, und unter einer
Strafe von 60 vollwichtigen Goldgulden, die dem
Fiskus heimfallen ſollen, befohlen habe, ſich ja nicht
zu unterfangen, jemand von allen denen, die entweder
hin nach der hohen Schule, oder von dort zurückrei=
ſen, oder ſich wirklich dort befinden, weder mit Worte
noch Werke, weder am Leibe noch an der Ehre, noch
an ihren Fahrniſſen unter was immer für einem Vor=
wande den geringſten Schaden zuzufügen, oder denen,
die es thun, auch nur mit Hilf, oder Rath, oder
ſonſtigen Vorſchub an Handen zu gehen. ꝛc. ꝛc.

Unter dem nämlichen Datum iſt die Verordnung
ergangen, daß dem Biſchofe von Worms, als ordent=
lichem Richter der auf der hohen Schule ſich befin=
denden Geiſtlichen, das Recht zuſtehen ſolle, zu Hei=
delberg ſelbſt einen Kerker, und Gerichtsperſonen zu
halten, um Geiſtliche, die ſich etwa ſollten vergan=
gen haben, zu züchtigen. ꝛc. Anbei ward auch ver=
ordnet, wie es mit der Beſtrafung derer, die keine
Geiſtliche ſind, gehalten werden ſolle. ꝛc. Man kann
hierüber nachſchlagen in Tolners Hiſtor. Palat. Cod.
Diplom. pag. 123. &c.

Am

Am nämlichen Tage desselben Jahrs hat Ruprecht auch verordnet, daß die Zufuhr der Habseligkeiten, und nöthigen Lebensmitteln für die Professoren und Studenten auf der hohen Schule zu Heidelberg, bei ihrem Hin= und Herzuge, durch die ganze Pfalz vom Zolle, und allen andern Abgaben, was sie immer für Namen haben, frei sein soll. ꝛc. ꝛc. Er hat auch Vorsorge gethan, daß die Vorbesagten mit dem Hauszinse nicht sollten übernommen werden. ꝛc. Sieh Tolner an bemeldter Stelle, Seite 126.

2) Ruprecht, mit dem Zunamen der Rauhe, Sohn des Churfürsten Adolfs; und Ruprechts des Aeltern, der im Jahre 1390. ohne Kinder zu hinterlassen, verstorben war, Erb und Nachfolger an der Chur, wies an St. Johannes des Taufers=Tage zum Unterhalte der sechs Lehrern der freien Künste die Hälfte des Frucht= und Weinzehenten in Schriesheim; für die Professoren aber der drei andern Fakultäten zween Turnose am Zolle zu Bacharach und Kaiserswörth an. Tolner an obiger Stelle, Seite 127. Ruprecht starb im J. 1398.

3) Ruprecht, zugenannt der Milde, des vorigen Sohn, und Churfolger; der auch hernach im J. 1400. den 20. Erndmonat, nach Absetzung des Kaisers Wenzel, zum römischen Kaiser gewählet ward, ließ sich die Aufnahme der hohen Schule zu Heidelberg eine der größten Angelegenheiten seiner Regierung sein. Zu diesem Behufe hat er vom Pabste Bonifaz dem 9ten die Einkünfte von zwölf Kanonikaten, theils zu Worms

Worms; theils zu Speier und Wirzburg angewiesen erhalten. Aus eben der Absicht ward auch die heil. Geistkirche, die sonst unter der St. Peterskirche außerhalb der Stadtmauer als der Mutterkirche stand, zu einem Kollegiatstifte erhoben, und mit den Einkünften von vier aufgehobenen Kanonikaten des Kollegiatstifts zu Neustadt an der Haard bereichert. Acta Acad. Tom. I. pag. 391. Tolner an obiger Stelle, Seite 118.

Dieses heilsame Werk gerieth durch den im J. 1410. den 18. Wonnemonat erfolgten Tod Ruprechts III. ins Stecken; und ward von dessen Sohne Ludwig III. erst nach drei Jahren völlig zu Stande gebracht. Er verordnete, daß das neue Stift zu Heidelberg aus 12 Chorherrn bestehen sollte: davon sollten drei, Professoren der Gottesgelehrtheit; drei andere, Lehrer des geistlichen Rechts; und wieder drei andere, Lehrer der Weltweisheit; einer, der Pfarrer zu St. Peter; und einer, der Stiftsprediger sein: der Aeltere aus den Professoren der Gottesgelehrtheit sollte die Dechanten, und der Aeltere aus den Lehrern des Kirchenrechts die Kustoswürde am Stifte bekleiden: und so sollte dieses Kollegiatstift auf immer der Universität einverleibt sein und verbleiben. Er vermachte derselben auch eine Sammlung von 150. geschriebenen Bänden, die bei der heil. Geistkirche aufbehalten, und zum Gebrauche aller Studierenden offen stehen sollte. Und diese kleine Büchersammlung war der Anfang und die Grundlage jener weltberühmten heidelberger Bibliothek, die im J. 1623. vom Churfürsten in Baiern

Maxi=

Maximilian an den Pabst Gregor XV. verschenkt; von dem päbstlichen Bibliothekare Leo Allatius nach Rom abgeholet, und allbort im vatikanischen Pallaste unter dem Namen Palatina aufgestellet worden ist.

§. IV.

So viele Mühe sich obbenannte Churfürsten von der Pfalz immer gaben 1), die Künste und Wissenschaften an der heidelberger Universität mehr und mehr in Aufnahme zu bringen 2); blieb ihnen doch damals noch unmöglich, das zu beseitigen, was ihr am stärksten im Wege stund, nämlich den Mangel an Büchern. 3) Zum Glücke ward zu Mainz die Buchdruckerkunst erfunden 4), und brachte beiläufig im Jahre 1450. schon die herrlichsten Früchte hervor 5). Anfangs zwar suchte man diese unschäzbare Kunst sehr sorgfältig geheim zu halten 6); allein nach dem Jahre 1462. ist sie endlich in mehreren Provinzen des deutschen Reichs 7), und sogar außer Deutschland bekannt geworden 8). Somit war nun denen, die lehren, und denen, die lernen sollten, auf einmal geholfen 9).

1) Sie beeiferten sich gleichsam um die Wette, den Studien allen möglichen Vorschub zu verschaffen. Sieh den ganzen §. III.

2) Im nämlichen Jahre, da die Universität eingeweihet worden war, zählte man schon 525 Musensöhne an derselben,

selben, und alle Jahre ward ihre Zahl größer. Man kann es in dem Verzeichnisse der Rektoren sehen, welches Herr Professor Schwab im J. 1786. als dem vierten Jubeljahre der Universität herausgab.

3) Der daraus entstandene Nachtheil steht §. II. in der vierten Anmerkung kurz beschrieben.

4) Sieh Würdtweins Werk, Bibliotheca Moguntina betitelt, über die Bücher, welche zu Mainz während dem ersten Jahrhunderte nach erfundener Buchdruckerkunst gedrukt worden sind. Oder wer nicht Muse genug hat, das Werk ganz zu lesen, kann sich dieser Wahrheit auch nur in dem kurzen Auszuge überzeugen, den er auf der 208. Seite finden wird.

5) Suche in dem so eben angezogenen Buche auf der 50. Seite.

6) Nachricht davon gibt aber das Buch auf der 82. Seite. Da wegen der landesverderblichen Zwistigkeit der beiden Mitwerber um das mainzer Erzbisthum Adolfs von Nassau, und Diethers von Jsenburg die gute Stadt Mainz geplündert, und mit Feuer und Schwert beinahe ganz verheeret worden; und darum viele Einwohner, sammt den Buchdruckergesellen sich außer Landes geflüchtet haben.

7) Wann zu Heidelberg die ersten Bücher gedrukt worden sein, ist noch jezt nicht ausgemacht. Wie Herr Karl Büttinghausen in seinen Beiträgen zur pfälzischen Geschichte p. 23. versichert, so ist das Werkchen des Jodocus Gallus, *Nosce te ipsum* (Lerne zuerst dich
selbst

ſelbſt kennen) betitelt, ſchon im J. 1480. allbort von der Preſſe gekommen. Dem kann zum Geſpanne dienen aus dem Verzeichniſſe typographiſcher Denkmäler des XV. Jahrhunderts, welche ſich in der Bibliothek des regulirten Chorherrnſtiftes des heil. Auguſtin zu Neuſtift in Tyrol befinden; und der würdige Herr Bibliothekar Franz Anton Gras 1789. in 4. herausgeben, das S. 81. bemerkte Werkchen: *Hugonis de Prato ordinis Prædicatorum ſermones de Sanctis.* kl. fol. 283. bll. mit Goth. Schr. in Geſp. Koll. Sigg. und Sermonen auf Schrr. ohne Kuſtodd. Anfangs bb. und ſeiten zz. Voran geht der prolog. An der vorderſ. des 272. bl. endiget ſich der Sermonen Körper mit dieſer unterſchrifft: *Sermones perutiles de ſanctis per anni circulum fratris Hugonis de prato florido Ordinis ſancti Dominici ſectatoris ſauſtiſſime finiunt. Impreſſe Heydelberge Anno Dominici Natalis M. CCCC. LXXXV. XII. Kalendas Februarias.* Die rucks. iſt leer, der reſt aber enthält das alphab. materienreg.

Im Jahre 1790. gab der unermüdete Bibliothekar Andreas Strauß ein Werk in 4. heraus, worinn er Nachricht von Allem gibt, was Seltenes von Büchern in der Bibliothek des regulirten Chorherrnſtiftes zu St. Johann dem Taufer in Rebborf bei Eichſtädt gefunden wird. Darunter ſteht auf der 260. Seite, bei der Zahl XII. *Verſor ſuper Donato*: iſt ein Quartband, und beſteht aus 68. Blättern. Dieſes mit gothiſcher Schrift gedruckte Werkchen enthält Johann Verſors Abhandlung, über die acht Theile der Rede. Die

Anfangsbuchstaben sind angemahlet: oben an den Blättern sind keine Zifern; an den Kolumnen keine Titel; und unten keine Kustoden, oder Worte, die auf die andere Seite weisen. Am Ende steht: *Octo partium Orationis resolutio luculentissima per Magistrum Joannem Versoris edita: Heidelpergeque ab anno Domini 1489. impressa fœliciter finit.* Welter p. 261. n. XIII. *Baptista Guarinus de modo & Ordine docendi ac discendi.* In 4. 11. Blätter. Der Titel des Buchs, dessen erster Buchstabe B. in Holz geschnitten ist, ist mit großen Buchstaben gedruckt; die Rückenseite enthält eine Zuschrift Guarins an seinen Sohn Johann Baptist, als den Author dieses Werkchens. Am zweiten Blatte fängt Baptist Guarin sein Werkchen von der Ordnung, die man im Lehren und Lernen halten soll, an den edeln Jüngling Maffeus Gambara von Brixen, seinen Schüler, an. Der Druck ist gothisch: die großen Anfangsbuchstaben sind saubere Holzschnitte: die Blätter des Buchs haben oben keine Ziffern; an den Kolumnen keine Titel; und unten keine Weiser auf das folgende Blatt. Am Ende steht: Verone XV. Kal. Martii. MCCCCLIX. Ganz zulezt: *Finit modus & ordo docendi ac discendi Guarini Baptiste impressus Heydelberge. per Henricum Knoblochtzer impressorie artis Magistrum Anno salutis nostre Millesimo quadringentesimo octogesimo nono (1489) XV. Kal. januarias.*

Vom nämlichen Strauß kam im J. 1787. ein Werk über Merkwürdigkeiten der Buchdruckerkunst (Monumenta Typographica) heraus, wo an der 219. Seite angeführt

angeführt wird: *Ein vast notdurfftige materi, einem yeden menschen, der sich gern durch ein ware gründtlich bycht, flyſiglich, zu dem hochwirdigen Sacrament des fronlychnams unsers herren, ze schicken begert.* in 4. Am Ende steht: *gedrückt zu Heidelbergk von Henrico Knoblochzern anno &c. MCCCC-XCIIII.*

Unter den sehr seltenen Schriften ist p. 276. n. XXXVI. angemerkt: *P. Virgili Maronis Bucolica, Georgica & Eneidos libros duodecim.* in 4. Dieser obschon gothische, doch übrigens sehr schöne Druck hat lauter hinzugemahlte Initialbuchstaben: oben an den Kolumnen steht jedesmal angemerkt, wovon das Buch handelt; wie auch die Zahl des Buchs; aber die Seitenzahlen mangeln: die Zeilen stehen weit von einander, welches dem Buche noch mehr Zierde gibt. Am Ende steht: *Publy Virgily Maronis Eneis opus insigne finit: Impreſſum Heydelberge per Henricum Knoblotzer Anno gratiæ. M. CCCC. XCV.*

Man kann vielleicht in verschiedenen Bibliotheken noch ältere gedruckte Bücher finden, wenn man sich Mühe geben will, darauf Acht zu haben.

Im Jahre 1760. gab Herr Philipp Wilhelm Ludwig Flad einen kleinen Entwurf eines Buchs heraus, in welchem der literarische Zustand in der Pfalz, und sonderlich das Aufkommen der Buchdruckerkunst, und des Buchhandels zu Heidelberg weitläuftiger sollte abgehandelt werden; da er aber nach der Zeit gestorben ist,

iſt, wird wohl auch die Ausführung des Werks mit ihm begraben ſein. Unter den dort beim Jahre 1583 namhaft gemachten Buchdruckern ſollte auch Jakob Mylius genennt worden ſein, von welchem man die Epiſtel Pauli an die Galater, wie auch die ſechs erſten Hauptſtücke der chriſtlichen Lehre in arabiſcher Sprache gedruckt findet: welchem lezteren Buche am Ende noch eine kurze arabiſche Sprachlehre, von Ruthger Spey von Boppard ſammt einer lateiniſchen Auslegung entworfen, beigedrukt iſt.

Auch die Stadt Oppenheim beſaß vor Zeiten eine Druckerei, welche den Gelehrten in der Pfalz nicht wenige Bücher in die Hände geliefert hat. Büttinghauſen nennet an oben bemeldter Stelle p. 33. ſieben und ſechzig dort gedrukte Werke her: nur Schade, daß er das Druckjahr nicht mit angemerkt hat. Zu dieſer Zahl gehört noch: *Jo. Tritemy Abbatis S. Jacobi apud Herbipolim liber octo quæſtionum. Oppenheym, impenſis. Joh. Haſſelbergen de Augia 1515. in 4.* Es ſteht in dem Bücherverzeichniſſe Tom. I. p. 129. N. 577. welches Peter Anton Bolongaro-Crevenna im J. 1789. zu Amſterdam in 8. herausgegeben hat.

8) Der berühmte Meermann hat in ſeinen *Originibus Typographicis* eine Abhandlung herausgegeben, wie die Buchdruckerkunſt nach Welſchland, und inſonderheit in das Kloſter Sublaco und nach Rom gekommen ſei. Sie verdient geleſen zu werden. Wie es zugegangen, daß die Buchdruckerei in verſchiedenen andern

Län=

Ländern anſäßig geworden, darüber kann derſelben literariſche Geſchichte Licht geben.

9) Muſenſöhne, was könnt ihr euch Herrlichers wünſchen,
was iſt euch
Nüzlicher, als die erſt neulich erfundene Kunſt?
Die ganz göttliche Kunſt, viel Worte auf einmal zu drucken,
Nicht nur viel, ſondern auch reinlich, und richtig, und ſchön,
Was man ſonſt kaum in tauſenden Tagen zu ſchreiben
vermochte,
Liefert in einem Tag' jezt die geſchäftige Preß'.
O wie beklagten vorher die Gelehrten den Mangel an
Büchern,
Und wie waren alsdann Bibliotheken ſo klein!
Kaum ward in einer Stadt ein gelehrtes Blättchen gefunden;
Aber nun ſteht oft voll Bücher ein jegliches Haus.
Kürzlich erfand die Kunſt der Geiſt des rheiniſchen Volkes,
Nun gebiert uns ſchon Bücher in Menge die Kunſt.
Manches herrliche Buch, das ſonſt ſelbſt Fürſten vermißten,
Wird auch vom ärmſten Mann' nun in der Hütte benuzt.
Dank dem Himmel zuerſt, und Dank den würdigen Druckern,
Deren erfindſamer Geiſt uns dieſe Bahne gezeigt!
Nicht die Weiſen von Griechenland', nicht Italiens Künſtler,
Deutſchlands Kluge allein haben erfunden die Kunſt.

Hieher gehört auch Bergellans Lob der Kupferſtecherkunſt, wo Gutenberg, Fauſt, und Schöffer, alle drei Mainzer, als die Erfinder, und Beförderer dieſer Kunſt beſungen werden.

§. V.

§. V.

Im erſten Jahrhunderte der heidelberger Univerſität 1) wuchſen die ſchönen Künſte und Wiſſenſchaften, gleichſam vom Himmel ſelbſt gezeuget, 2) friſch, wie Jünglinge heran 3). Im zweiten erreichten ſie ihr kraftvolles Mannesalter 4). Im dritten kam es mit ihnen ſchon durch allerlei widrige Zufälle dahin 5), daß ſie wie ausgemergelte Greiſen nach und nach abſturben 6). Aber nun im vierten ward ihnen der Himmel wieder günſtiger: die beiden Churfürſten Johann Wilhelm 7) und Karl Philipp 8) weckten ſie gleichſam wieder von Todten auf; und unter dem Vater der Wiſſenſchaften Karl Theodor 9), der ihnen wieder recht auf die Beine half 10) und ſie mit den herrlichſten Mitteln zum Wachsthume verſah 11) ſtehen ſie nun wieder auf viele Jahrhunderte im völligen Leben, und erwünſchter Blüte da 12).

1) Vom Jahre 1386. bis 1486.

2) Sieh oben beim §. III. die ſechſte Anmerkung.

3) Ludwig der III. hat im J. 1427. am Sonntage nach Franziskustage in ſeinem Teſtamente verordnet hinterlaſſen, daß ſeine Nachfolger an der Chur ſich ſogar mit einem Eide verbinden ſollten, ſich die beſtändige Aufnahm der hohen Schule höchſt angelegen ſein zu laſſen. Ludwig der IV. hat im J. 1444. dem Willen ſeines Herrn Vaters zu Folge derſelben heilſame Geſeze vor-

geschrieben und dadurch verschiedenen eingeschlichenen Unordnungen abgeholfen. Friedrich I., der Siegreiche bestimte im J. 1452. die Wohnungen der Professoren, und machte die ihnen angewiesenen Präbenden betreffende weise Verordnungen: wies zu den öffentlichen Vorlesungen schickliche Stunden, und zu den Vakanzen gewisse Zeiten an: errichtete den akademischen Rath; und einen neuen Lehrstuhl für das römische bürgerliche Recht: verschafte der Bibliothek eine beßere Einrichtung, und einen ansehnlichen Zuwachs. Die Geseze, welche er zu ihrer Aufrecht= und Schabloshaltung vorgeschrieben, sind von der Universität im J. 1472. öffentlich bekannt gemacht worden. Kremer an obiger Stelle Urk. p. 469. Der von gelehrten Werken bekannte Herr Professor Schwab versichert in seinem schon oben angeführten Verzeichnisse der Rektoren der Universität zu Heidelberg, daß der treflichsten Lehrer aus allen Fakultäten, und der auserlesendsten Jünglinge, die aus ganz Deutschland, und sogar aus fremden Ländern zum Studiren dahin gekommen, und in die Liste der akademischen Bürger eingeschrieben worden, vom Jahre 1386 bis 1486. nicht weniger, als 11294. gewesen sein.

4) Philipp, der Aufrichtige, gab seinen Vorfahren, vom Jahre 1486 bis 1586., am Eifer für die hohe Schule nichts nach. Wenn je ein Fürst ein Freund der Gelehrtheit, und der Gelehrten war, so war es dieser. Durch ihn bekamen die Juristen eine neue Börse. Die Hofbibliothek vermehrte er ansehnlich, und verleibte sie der Universitätsbibliothek an der heiligen Geistkirche

che großmüthig ein. Nachher fuhren die beiden Herrn Brüder, Ludwig und Friedrich II. eifrig fort, ihre Sorge für die hohe Schule zu verwenden, und versahen sie mit verschiedenen nüzlichen Einrichtungen, und weisen Gesezen. Im J. 1550. kam das Kollegium, die Sapienz genannt, in den Besiz des Augustinerklosters und erhielt alle Einkünfte der drei, zu Alzei, zu Lixheim, und in Krafthal, aufgehobenen Klöster. Das Jahr darauf sind der Universität das Kollegiatstift zu Zell; die Klöster Münsterdreisa, St. Lampert, Weidas, und Dainbach, sammt dem Johanniterhause zu Alzei mit allen ihren Rechten und Einkünften zum Eigenthume geworden. Auf Friedrich den II. folgte Otto Heinrich, welcher damals schon über 50. Jahre alt war: Er hatte von Jugend auf sein größtes Vergnügen, mit gelehrten Dingen umzugehen: darum bewarb er sich in Palästina um viele schöne arabische und griechische Schriften, mit denen er nach seiner Anheimkunft der Universitätsbibliothek, zu deren Aufnahme auch die dortigen Professoren sehr viel beitrugen, ein unschäzbares Geschenk machte. Ueberhaupt haben alle Gattungen der Wissenschaften an ihm einen beständigen Gönner, und großen Beschüzer gehabt. Damals entbrannten die bekannten Religionszwistigkeiten: die Studien verloren aber dadurch nicht; im Gegentheile schienen sie dabei zu gewinnen, weil eine jede Religionsparthei, sogar unter der Regierung des Churfürsten Friedrichs III. und des Churverwesers Johann Kasimir, sich beeiferte, es der andern bevorzuthun. Der Immatrikulirten bei der Universität sind in diesem Jahrhunderte 12976. gewesen.

5)

5) Vom Jahre 1586. bis 1686. Sobald Friedrich der IV. an die Regierung kam, war seine erste Sorge auf die hohe Schule gerichtet: er stellte eine Untersuchung ihrer Satzungen an; ließ, was entbehrlich war, ausstreichen; und, was abgieng, hinzuthun: er verminderte die Promotionsköſten, und richtete einen Lehrſtuhl für die Geſchichtkunde auf. Dadurch wollte er ſeiner allbereits geſunkenen hohen Schule wieder auf die Beine helfen; aber die beſtändigen inheimiſchen Kriegstrublen, und ſonderlich der Land, und Leute verderbende dreißigjährige Krieg hat dieſes gute Vorhaben vereitelt. Im J. 1623. ward die weltberühmte heidelberger Bibliothek, wie ſchon oben erwähnt worden, nach Rom geſchikt. Mit dieſer verlohr die hohe Schule ihre Zierde, und ſo zu ſagen ihre ganze Lebenskraft. Unter der Regierung Friedrichs des V., Karl Ludwigs, und deſſen Sohn Karls, ſah es nicht beſſer mit ihr aus: und zu verwundern iſts, daß doch in dieſem unſeligen Jahrhunderte noch 6961. Studenten in der Matrikel gefunden werden.

6) Im Jahre 1686. feierte zwar die Univerſität, unter dem Rektorate des durchleuchtigſten Churprinzen ihr drittes Jubeljahr, welchem die höchſte Gegenwart ſeiner Churfürſtlichen Durchleucht Philipp Wilhelms den größten Glanz gab; aber leider! drei Jahre hernach überzogen die Franzoſen wegen einer Foderung der Gemahlinn Philipps, Herzogen von Orleans die gute Pfalz mit Kriege: trieben überall unerſchwingliche Brandſchatzungen ein, und ſtekten doch noch zulezt Städte, Flecken und Dörfer in Brand: ſonderlich zu Heidelberg

ſprengten

sprengten sie am 2. Lenzmonate das Churfürstliche Residenzschloß mit Pulver in die Luft, und verwandelten diese schöne Hauptstadt der ganzen Pfalz, und diesen herrlichen Musensitz ganz in einen Aschen= und Steinhaufen.

7) Den Anfang dieses Jahrhunderts machte Churfürst Johann Wilhelm dadurch merkwürdig, daß er das dermalige Universitätsgebäude vom Grunde aus bauen ließ. Im Jahre 1711. ließ er seinen Bibliothekar, den sehr gelehrten Johann Büchels in ganz Deutschlande, Niederlande, Italien, und dem Königreiche Neapel herumreisen, und Bücher für die hohe Schule, sonderlich Werke des seligen Raimundus Lullus aufkaufen. Unterdessen ward man im J. 1715. mit dem Universitätsgebäude fertig, wie es folgende Sinnschriften beweisen, die man im großen akademischen Saale bei den Sinnbildern der vier Fakultäten liest, und welche die Jahrzahl enthalten:

DIsCaM IVstIfICatIones tVas *
IVDICIs offICIVM est *
a LIgno VItæ MeDICIna saLVbrIs *
præCeptIs InCensa sVIs VIDet oMnIa *.

Er legte auch mit großen Kosten eine Sammlung seltener römisch= und griechischen Münzen an; und brachte Gräfens vortrefliche Büchersammlung käuflich an sich; wovon er jene Werke, die von Wissenschaften handeln, an die neuauflebende Universitätsbibliothek zu Heidelberg gnädigst verschenkte.

8)

8) Johann Wilhelmen folgte im J. 1716. sein würdigster Herr Bruder Karl Philipp in der Regierung nach. Ihm lag die hohe Schule ebenfalls sehr am Herzen: er bereicherte ihr Münzkabinet mit vielen gold- und silbernen Münzen: bauete im J. 1730. das sogenannte Seminarium Karolinum, als ein gutes Erziehungs- und Unterrichtungshaus für die studierende Jugend: besezte im J. 1732. den von langer Zeit her leer gestandenen Lehrstuhl für die Geschichtkunde wieder, wie man aus der feierlichen Rede sieht, die Herr Benno Kaspar Haurisius am 12. Windm. als dem Antrittstage dieses seines Lehramts öffentlich abgelesen hat. Ihr Inhalt war: daß es eine der größten Amtsbeschwerlichkeiten für einen nutzbegierigen Geschichtlehrer sei, eine vortheilhafte Lehrart auszufinden. Im J. 1734. am 15. Lenzmonate beurkundete er der historisch-literarischen Gesellschaft, die sich damals unter gewissen Bedingnissen, und Statuten zusammengethan hatte, die gnädigste Zusicherung seines Schutzes.

9) Karl Theodor, dem keine Kosten jemals zu groß waren, wenn es auf die Beförderung der Künste und Wissenschaften ankam, ist gewiß dieses ruhmvollen Namens würdig. Er bestättigte der Universität, und den dort Studierenden ihre Privilegien und Freiheiten; und erweiterte sie. In seinem Residenzschlosse zu Mannheim legte er eine prächtige und kostbare Sammlung von mehr als siebenzig tausend Bücher an, die einem jeden Lernlustigen an gewissen Tagen der Woche offen stehet. Es ist kein Kunst-, kein Wissenschaftbeflissener, der nicht da die reichlichsten Hilfsquellen in jedem Fa-

che seines Studiums antreffen kann. Die an den großen Büchersaal anstoßenden Zimmer sind Behältnisse der Manuskripten, und sehr seltener pfälzischer Urkunden. Die sehr vollständige Antiquitätensammlung; die unschäzbare Bildergallerie; das vortrefliche Naturalienkabinet sind so beschaffen, daß jedermann ein ganz hinlängliches Vergnügen für seinen Geist darin finden kann.

Liebhaber der Experimentalphysik können in dem Kabinete der Naturlehre einen herrlichen Vorrath von physikalischen Instrumenten, und durch geschikten Gebrauch derselben die wunderbarsten Wirkungen der Natur zu ihrer Belehrung und Gemüthsergözung vorgestellt sehen.

Um diese kleine Abhandlung nicht zu einem ganzen Buche anwachsen zu lassen, übergeht man hier die weit und breit mit allem Recht berühmte Sternwarte; die Mahler- Bildhauer- und Baukunst-Akademie; die Militärschule ꝛc. ꝛc. und verweiset den wißbegierigen Leser an die herausgegebenen Schriften der Churpfälzischen Akademie der Wissenschaften, welche im J. 1763. — der deutschen Gesellschaft, welche im J. 1775. — der Wetterbeobachtungsgesellschaft, welche im J. 1780. aufgerichtet worden; und der Kammeralhohenschule, welche im J. 1784. von Lautern nach Heidelberg verlegt, und mit der Universität vereint worden ist. Daraus erhellet, daß man hier kaum den hundertsten Theil von dem gesagt habe, was man zum ewigen Ruhme des unsterblichen Karl Theodors hätte

hätte sagen können. Wie? wenn man noch anführen wollte, daß Höchstderselbe die heidelberger Universität mit 19. neuen Lehrstühlen verherrlichet habe? Auch darf man nicht ganz unberührt lassen, daß die neue Universitätsbibliothek durch dessen großmüthigste Freigebigkeit so angewachsen sei, daß der Platz schon jezt erweitert werden muß, um alle die Bücher fassen zu können.

10) Die Schaumünz auf die vierte Jubelfeier der heidelberger Universität hat der kunstreiche Herr Münzrath Scheffer gestochen. Auf der Brustseite stellt sie das Haupt Karl Theodors mit einem Lorberkranze umwunden vor, mit der Aufschrift: CAROLUS THEODO-RUS. P. F, AUG. INSTAURATOR. Auf der Rückenseite sitzet Pallas; lehnet sich mit dem linken Arme auf einen Schild, auf welchem der pfälzische Löw erscheint; und deutet mit dem Finger auf ein Buch hin, welches auf einem Altare aufgeschlagen liegt, und die Worte lesen läßt: LEGES UNIVERSITATIS: die Ueberschrift heißt: LÆTA SÆCULI V. AUSPICIA. Unter dem Altare sind zwei Füllhörner, mit der Unterschrift: *M. Nov. MDCCLXXXVI. Heidelbergæ.*

11) Zu den schon gemeldten gehören auch noch die mathematischen Werkzeuge ꝛc.; die botanischen Gärten; die Anatomie ꝛc. ꝛc.

12) Der Wunsch, welcher in den *Actis Sacrorum Sæcularium Academiæ Heidelbergensis* auf der 365. Seite steht, soll hier auch unser herzlicher Wunsch sein!!!

Bis auf das J. 1786. findet man in der Matrikel 7947. die dort auf der Universität studiert haben.

D 3 §. VI.

§. VI.

Bei der so großen Anzahl von Mitgliedern der Universität, und anderer gelehrten Gesellschaften, die mit allem Eifer daran sind, entweder sich selbst in verschiedenen Künsten und Wissenschaften zu vervollkommnen; oder die literarische Welt mit gelehrten Geburten aus allen Fächern der Gelehrsamkeit zu bevölkern, hat der weise **Karl Theodor** die in der Pfalz schon vorhandenen Buchdruckereien nicht für so zahlreich angesehen, daß nicht noch eine und die andere dienlich sein könnten, gemeinnüzliche Geistesprodukte mit schönem Drucke in und außer der Pfalz beßer zu verbreiten; und auch nebenher sehen zu laßen, wie sehr der Betrieb der Gelehrsamkeit den großmüthigsten Ermunterungen ihres freigebigsten Mäzenaten entspreche. In dieser preiswürdigsten Absicht hat Höchstderselbe dem katholischen Bürgerspitale hier in Mannheim, welches vorhin schon mit mancherlei Gnaden von Sr. Churfürstlichen Durchleucht angesehen war, die gnädigste Erlaubniß ertheilet, eine neue Buchdruckerei aufrichten zu dörfen, welche nebst dem obgemeldten Zwecke, auch zum immerwährenden Behufe der Armen bienen solle; und hat dadurch einen neuen Beweis gegeben, wie sehr Er sowohl Nährvater der Armen, als Pflegvater der Musen sei; und wie würdig Er in allem Betrachte den herrlichen

Namen

Namen Theodor, das ist, Gottesgabe, trage. Diese höchste Gnade wird den Nährlingen des Spitals ewig unvergeßlich sein; und keinen Tag werden sie hingehen lassen, ohne den Himmel mit Inbrunst um Sr. Durchleucht, und des ganzen pfälzischen Hauses stetes Wohl anzuflehen. Diese neue, mit lauter neuen schönen Lettern versehene Buchdruckerei will sich hiermit dem literarischen Publikum, und besonders allen pfälzer Musenfreunden bestens empfohlen haben.

Römerwunsch: